BELLES

PORCELAINES

DE LA CHINE ET DU JAPON

ÉMAUX CLOISONNÉS

OBJETS VARIÉS

Exposition le Dimanche 15 Novembre 1868.

Me CHARLES PILLET,	M. CH. MANNHEIM,
COMMISSAIRE-PRISEUR	EXPERT

1868

CATALOGUE

D'UNE JOLIE RÉUNION DE

PORCELAINES ANCIENNES

DE LA CHINE & DU JAPON

Grandes Vasques, Jardinières, Vases, beaux Plats, etc.;
Pièces d'échantillon en Céladon bleu turquoise, en Porcelaine craquelée, etc.;
Garniture de cinq Pièces en vieux Japon ;

ÉMAUX CLOISONNÉS DE LA CHINE & DU JAPON

Tels que Vases, Brûle-Parfums, Bouteilles, Boîtes, Cornets, etc.;
Matières précieuses, Faïences de Perse
et Objets variés.

DONT LA VENTE AURA LIEU

HOTEL DROUOT, Salle N° 3

Le Lundi 16 Novembre 1868

A DEUX HEURES.

Par le ministère de Mᵉ **CHARLES PILLET**, Commissaire-Priseur,
10, rue de la Grange-Batelière,

Assisté de **M. Charles MANNHEIM**, Expert, 7, rue Saint-Georges.

Chez lesquels se distribue le Catalogue.

EXPOSITION PUBLIQUE

Le Dimanche 15 Novembre 1868, de une heure à cinq heures.

CONDITIONS DE LA VENTE

Elle sera faite au comptant.

Les adjudicataires payeront *cinq pour cent* en sus des enchères.

L'exposition mettant le public à même de se rendre compte de l'état des objets, il ne sera admis aucune réclamation une fois l'adjudication prononcée.

000. — Paris. Imprimerie de PILLET fils aîné, rue des Grands-Augustins, 5.

DÉSIGNATION DES OBJETS

Émaux cloisonnés

1 — Grand et beau vase, modèle balustre, en émail cloisonné, fond bleu turquoise, rehaussé d'insectes émaillés en couleurs et enrichi de quatre grands médaillons ronds, décorés d'arbustes, de fleurs et d'oiseaux sur fonds variés de nuances, noir, violet, blanc et jaune. Les anses sont formées de dragons en bronze doré.

Socle en bois de fer.

Haut., 66 cent.

2 — Grand vase, modèle cornet, de forme carrée de plan ; il est entièrement couvert d'ornements et de fleurs émaillés de couleurs variées, sur fond vert et bleu turquoise. Il est enrichi d'arêtes saillantes en bronze doré.

Socle en bois de fer.

Haut., 58 cent.

3 — Joli vase modèle balustre renversé, à goulot retréci, en émail cloisonné à rosaces, emblèmes, etc. La partie supérieure de la pause simule des lambrequins saillants, reliés entre eux par des festons de perles en bronze doré.

Haut., 35 cent.

4 — Brûle-parfums de forme sphérique surbaissée, reposant sur trois pieds bas en émail cloisonné à larges fleurs et arabesques en couleurs sur fond bleu turquoise. Le couvercle émaillé de même est enrichi de parties réservées en bronze doré et repercé à jour.

Socle en bois d'aigle.

Haut. totale, 53 cent.

5 — Brûle-parfums de forme carrée en émail cloisonné à ornements sur fond bleu clair. Il repose sur quatre pieds à
têtes de chimères réservés en bronze doré, et le couvercle
d'émail, avec réserve découpée à jour, est surmonté d'un
chien de Fo en bronze doré.

Socle en bois d'aigle.

Haut., 37 cent.

6 — Plateau rond, reposant sur trois pieds bas en émail cloisonné à larges fleurs au centre, sur fond bleu turquoise et
à fleurettes au bord, émaillées sur fond gros bleu.

Diam., 32 cent.

7 —Brûle-parfums de forme sphérique surbaissée à anses surélevées et à trois pieds droits. Le tout en émail cloisonné
à fleurs, ornements et caractères sur fond bleu turquoise.
Le couvercle émaillé de même est surmonté d'un chien de
Fo en bronze doré.

Haut., 20 cent.

8 —Brûle-parfums de forme sphérique reposant sur trois pieds
têtes chimériques et à anses, dragons en bronze doré. Le
couvercle est orné de fleurs et surmonté d'un bouton en
cuivre ciselé et doré.

Haut., 24 cent.

9 — Brûle-parfums analogue à celui qui précède; le couvercle
est surmonté d'un chien de Fo en bronze doré.

Haut., 24 cent.

10 — Deux petits vases, modèle bouteille, en émail cloisonné,
décorés de modèles, de fleurs et d'insectes variés de couleurs sur fond bleu turquoise.

Haut., 24 cent.

11 — Deux belles plaques de forme carrée en émail cloisonné, décorées de vases de fleurs et d'attributs divers, variées de couleurs, sur fond bleu turquoise à filets réservés en cuivre doré.

Cadres en bois de fer sculpté. Très-belle qualité.

Haut. totale, 45 c.
Larg., 56 cent.

12 — Deux autres belles plaques rondes pouvant former des dessus de guéridon, en émail cloisonné, à rosaces variées de nuances et de la plus grande finesse d'exécution.

Diam , 56 cent.

13 — Brûle-parfums de forme hémisphérique, à anses surélevées, reposant sur trois pieds découpés, et à couvercle, en émail cloisonné à fleurs et ornements variés de couleurs sur fond bleu turquoise. Le couvercle est enrichi de parties réservées en bronze doré.

Haut., 20 cent.

14 — Brûle-parfums de forme sphérique à anses têtes chimériques et pieds réservés en bronze doré.

Haut., 20 cent.

15 — Petit vase de forme cylindrique en émail cloisonné à fleurs et ornements sur fond bleu clair; anses têtes chimériques, couvercle en bronze ciselé et doré.

Haut., 14 cent.

16 — Deux coupes en émail cloisonné à fleurs et ornements sur fond bleu turquoise. Elles étaient laquées à l'intérieur.

Haut., 9 cent.
Diam., 23 cent.

17 — Petit brûle-parfums, de forme carrée, à anses surélevées et à quatre pieds en bronze doré

Haut., 15 cent.

18 — Petit vase de forme sphérique surbaissée et à piédouche en émail cloisonné sur fond bleu turquoise ; anses formées d'anneaux en bronze doré.

Haut., 10 cent.

19 — Deux vases, modèle gourde, émaillés en couleur sur fond bleu.

Haut., 37 cent.

20 — Deux vases modèle balustre, en émail cloisonné sur fond blanc et à médaillons réservés fond bleu.

Haut., 30 cent.

21 — Deux gourdes de forme aplatie, fond émaillé bleu, et médaillons à fleurs sur fond rouge.

Haut., 28 cent.

22 — Deux portes-allumettes de forme octogone, émaillés de couleurs variées.

Haut., 15 cent.

23 — Deux boîtes en forme de fruit, en émail cloisonné, fond bleu et médaillons réservés sur fond rouge.

24 — Plateau ovale, en émail cloisonné du Japon, à fleurs et oiseaux émaillés en couleurs sur fonds variés.

Larg., 35 cent.

25 — Petit vase, modèle balustre, en émail cloisonné, à fleurs et ornements sur fond bleu.

Haut., 16 cent.

26 — Autre petit vase, de forme cylindrique. Décor de même style.

Haut., 11 cent.

27 — Diverses pièces provenant de socles et de lanternes en émail cloisonné.

Porcelaines

28 — Grande et belle vasque en ancienne porcelaine de Chine, décorée de carpes et de plantes aquatiques en bleu et rouge de cuivre.

Haut., 48 cent. Diam., 57 cent.

29 — Vasque analogue à celle qui précède et pouvant lui faire pendant.

Haut., 49 cent. Diam., 53 cent.

30 — Garniture de cinq pièces, potiches et cornets en ancienne porcelaine du Japon, décorées de chimères et de fleurs en couleurs variées sur fond bleu rehaussé d'or.

Haut., 60 cent.

31 — Jardinière ronde et évasée, en ancienne porcelaine du Japon, décorée d'arbustes, en bleu, rouge et or.

Diam., 41 cent.

32 — Beau vase, modèle rouleau, en ancienne porcelaine de Chine, décoré en émaux de la famille verte. Il offre au pourtour un certain nombre de femmes se livrant aux divers exercices d'équitation en présence de personnages placés dans une tribune. La gorge est décorée de jeunes enfants.

Haut., 43 cent.

33 — Autre vase, modèle rouleau, en ancienne porcelaine de
Chine, décoré en émaux de la famille verte, à médaillons animaux et arbustes, et fond arabesques et fleurs.

Haut., 40 cent.

34 — Vase, modèle balustre, en ancienne porcelaine de
Chine, décoré de dragons à quatre griffes et d'ornements
en émaux de la famille verte.

Haut., 39 cent.

35 — Fontaine d'applique, en ancienne porcelaine de Chine,
décorée en émaux de la famille verte. Elle offre des figures de femmes dans un parc entouré de constructions élé-
gantes. Le goulot est formé d'une tête de chimère.

Haut., 40 cent.

36 — Vase ovoïde, à couvercle, en ancienne porcelaine de
Chine, décoré en émaux de la famille verte, à arbustes et
corbeilles de fleurs dans des médaillons. et fond couvert
de rosaces.

Haut., 32 cent.

37 — Deux jolis vases de forme hexagone, en ancienne porcelaine de Chine, décorée de médaillons de personnages
dans des paysages et fond à rosaces. La gorge est décorée
de médaillons renfermant des arbustes et des oiseaux.
Les couvercles sont surmontés de chiens de Fo.

Haut., 53 cent.

38 — Petit vase, modèle balustre, en ancienne porcelaine
de Chine, décoré de pêchers en fleur, en émaux de la
famille verte. sur fond noir. Qualité rare.

Haut , 25 cent.

39 — Vase, modèle balustre, en ancienne porcelaine de Chine, craquelée gris, à anses têtes chimériques et bandes d'ornements en relief, émaillés brun.

Haut. , 65 cent.

40 — Vase modèle balustre à couvercle en ancienne porcelaine de Chine, laqué noir et décoré de paysages avec figures et bandes d'ornements, le tout burgauté.

Haut., 45 cent.

41 — Joli vase forme bouteille, en céladon bleu turquoise à fleurs et rinceaux gravés sous émail. Belle qualité.

Haut., 44 cent.

42 — Petite jardinière ou vasque ronde en porcelaine de Chine, décorée en émaux de la famille verte; poissons, crustacés et plantes marines.

Diam., 36 cent.

43 — Ecran formé de deux belles plaques en ancienne porcelaine de Chine, décorées de sujets familiers en émaux de la famille verte. Belle qualité. Monture en bois sculpté repercé à jour.

Haut., 63 cent.

44 — Grand et très-beau plat rond sans bord, en ancienne porcelaine de Chine, décoré en plein d'un paysage agreste en émaux de la famille verte du plus brillant effet. Il porte une marque à six caractères.

Diam., 54 cent.

45 — Autre très-beau plat en ancienne porcelaine de Chine, décoré en émaux de la famille rose. Il offre au centre un groupe de deux figures de femmes dans un jardin. L'une

d'elles s'entretient avec un jeune homme placé à la partie supérieure d'un mur. Le bord offre des paysages ainsi que des figures.

Diam., 53 cent.

46 — Grand plat rond en ancienne porcelaine du Japon, à bord bleu rehaussé de parties émaillées noir et réserves décorées d'arbustes et de fleurs en rouge et or. Le centre présente des arbustes et une balustrade en bleu, rouge et or.

Diam., 55 cent.

47 — Autre grand plat en ancienne porcelaine du Japon, de belle qualité. Il est décoré de figures de femmes dans un paysage, en bleu, rouge et or.

Diam., 55 cent.

48 — Grand plat en vieux japon, décoré de chimères, de fleurs et d'ornements de couleurs variées.

Diam., 55 cent.

49 — Beau plat en ancienne porcelaine de Chine, décoré en émaux de la famille verte. Il représente deux groupes de guerriers paraissant discuter en présence d'un souverain, assis devant une table chargée de divers ustensiles.

Diam., 39 cent.

50 — Grand plat rond sans bord, en ancienne porcelaine de Chine, décoré en émaux de la famille verte. Il offre au centre un sujet agreste entouré de compartiments renfermant des modèles et des fleurs. Le fond est décoré de rinceaux sur fond vert et d'arabesques réservées sur fond rouge.

Diam., 46 cent.

51 — Plat rond sans bord, en ancienne porcelaine de Chine, décoré d'un sujet familier en émaux de la famille verte.

Un groupe de femmes et d'enfants est placé sous un kios-
que élégant. Bordure à quadrilles et rosaces.

Diam., 36 cent.

52 — Deux plats ronds et creux à bords festonnés en ancienne
porcelaine du Japon, décorés de sujets familiers dans des
paysages, et présentant au pourtour des compartiments
renfermant des oiseaux se détachant en couleurs sur fond
bleu et des personnages en or sur fond rouge. Marque à
quatre caractères.

Diam., 31 cent.

53 — Deux plats ronds à bords à côtes, en ancienne porcelaine de Chine, décorés de fleurs, d'arbustes et d'insectes
en émaux de la famille verte. Ils portent un cachet carré.

Diam., 36 cent.

54 — Joli bol en ancienne porcelaine de Chine, décoré en
émaux de la famille verte. Il offre des compartiments
renfermant des arbustes, des vases, des fleurs, etc.

Diam., 31 cent.

55 — Deux petits bols, de même porcelaine et de décor analogue à celui qui précède. Ils offrent au pourtour des
compartiments renfermant des paysages, des chimères et
des fleurs.

Diam., 20 cent.

56 — Deux bols, de mêmes porcelaine et décor que ceux qui
précèdent.

Diam., 20 cent.

57 — Grand bol en ancienne porcelaine de Chine, décoré
intérieurement et extérieurement de fleurs émaillées en
couleurs.

Diam., 36 cent.

58 — Vase modèle balustre à ouverture large, en ancienne porcelaine craquelée de la Chine, à bandes d'ornements et têtes chimériques réservées en relief et émaillées brun.

Haut., 26 cent.

59 — Vase forme bouteille, en céladon bleu turquoise finement truité.

Haut., 35 cent.

60 — Vase de forme carrée, à gorge rétrécie et anses formées de têtes chimériques saillantes, en céladon bleu turquoise truité.

Haut., 32 cent.

61 — Vase de même forme, en porcelaine de Chine, émaillé rouge et violet flambés.

Haut., 30 cent.

62 — Flacon carré, en vieux japon, décoré de paysages et de figures en camaïeu bleu.

Haut., 31 cent.

63 — Vase modèle potiche en ancienne porcelaine de Chine, décoré en émaux de la famille verte à figures de femmes dans des paysages.

Diam., 30 cent.

64 — Petit vase modèle balustre aplati à deux anses, en céladon vert d'eau, gaufré sous émail à dragons chimériques et ornements en relief.

Haut., 20 cent.

65 — Vase modèle balustre aplati, à gorge droite et à deux anses têtes d'éléphants, en porcelaine de Chine, à ornements gaufrés en relief et émaillés rouge haricot.

Haut., 23 cent.

66 — Petit vase modèle balustre, en porcelaine de Chine émaillée gros bleu uni.

Haut., 17 cent.

67 — Deux vases modèle balustre carré, en porcelaine craquelée gris et arêtes saillantes à jour.

Haut., 18 cent.

68 — Deux petits vases modèle bouteille, en céladon bleu turquoise.

Haut., 16 cent.

69-72 — Quatre petits vases en céladon bleu turquoise de formes variées.

Ils seront vendus séparément.

73 — Petite jardinière ronde en porcelaine de Chine émaillée rouge haricot.

Diam., 11 cent.

74 — Petite bouteille en porcelaine de Chine, décorée de chauve-souris et de nuages en bleu et rouge de cuivre sur fond jaune.

Haut., 12 cent.

75 — Joli bol en ancienne porcelaine de Chine entièrement couvert d'un riche décor de figures, de paysages et d'ornements finement émaillés en couleurs.

Diam., 29 cent.

76 — Deux bols en ancienne porcelaine du Japon, décorés d'arbustes et de fleurs en émaux de couleurs variées.

Diam., 24 cent.

77 — Coupe ronde en ancienne porcelaine de Chine, décorée d'oiseaux et de fleurs en émaux de la famille rose.

Diam., 30 cent.

78 — Deux petits bols en ancienne porcelaine du Japon à décor de fleurs en bleu, rouge et or, et à réserves rehaussées d'émail vert.

Diam., 15 cent.

79 — Deux autres bols en vieux japon, de décor analogue à ceux qui précèdent.

Diam., 15 cent.

80 — Deux coupes rondes en porcelaine de Chine à fleurs et arabesques en couleur sur fond jaune.

Diam., 19 cent.

81 — Deux très-petites coupes rondes en porcelaine de Chine, décorées de fleurs en couleurs sur fond jaune, gravé au trait et réserves circulaires décorées de fleurs. L'intérieur offre des fleurs en camaïeu bleu.

Diam., 15 cent.

82 — Petit plateau rond, reposant sur trois pieds bas en ancienne porcelaine de Chine, finement décoré de fleurs et d'insectes en couleurs sur fond noir.

Belle qualité.

Diam., 15 cent.

83 — Figure de Chinois assis en ancienne porcelaine de Chelsey.

Haut., 21 cent.

Faïences de la Perse

84 — Plat rond en ancienne faïence de Perse à décor polychrome. Il offre au centre un bâtiment naviguant.

Diam., 31 cent.

85 — Autre plat en ancienne faïence de Perse. Il offre au centre des figures d'animaux se détachant sur un fond d'émail vert.

Diam., 26 cent.

86 — Plat très-curieux en ancienne faïence de Perse, décoré au centre de deux oiseaux à têtes de femme se détachant en couleurs sur fond vert.

Diam., 28 cent.

87-89 — Trois plats en ancienne faïence de Perse variés de décors. Ils seront vendus séparément.

Matières précieuses
et Objets variés

90 — Cristal de roche. — La déesse Kouan-in accroupie.

Haut., 21 cent.

91 — Lapis-lazuli. — Grand et beau vase à couvercle et à deux anses, modèle balustre carré, enrichi d'ornements gravés en relief; sur socle en bois sculpté.

Haut., 25 cent.

92 — Jade blanc verdâtre. — Petit vase modèle balustre carré, à couvercle, entouré d'ornements repercés à jour et simulant un vase à verser. Socle en bois.

Haut., 15 cent.

93 — Agate orientale. — Coupe ronde à six lobes et à anse formée de branchages et prise dans la masse.

Diam., 11 cent.

94 — Jardinière de forme ronde et surbaissée, à deux anses

en bronze et ornements en relief et enrichis d'incrusta-
tions d'or et d'argent.

Travail chinois ancien.

Diam., 22 cent.

95 — Deux grandes boîtes oblongues avec plateau intérieur,
en laque noire burgautée à figures dans des paysages et
ornements.

Larg., 24 cent.; long., 67 cent.

96 — Trousse de médecin en ivoire finement sculpté, à figures dans des paysages et boutons d'attache incrustés de
matières diverses.

SUPPLÉMENT

Émaux cloisonnés du Japon

97 — Deux grandes boîtes à thé ou vases à couvercles en
émail cloisonné du Japon, entièrement couverts d'ornements variés de couleurs.

98 — Deux boîtes à thé avec couvercles, de mêmes forme et
travail que celles qui précèdent, mais plus petites.

99 — Boîte à thé analogue à celles qui précèdent.

100 — Deux beaux plats ronds en émail cloisonné du Japon,
décorés d'ornements variés.

101 — Plat ovale, de même travail et de décor analogue.